El asombroso cuerpo humano

EL SISTEMA ESQUELÉTICO

BARBARA LOWELL

BLACK RABBIT BOOKS

Bolt es una publicación de Black Rabbit Books
Apartado Box 3263, Mankato, Minnesota, 56002.
www.blackrabbitbooks.com

Jennifer Besel, editora; Grant Gould, diseñador;
Omay Ayres, investigación fotográfica

Información del catálogo de publicaciones de la biblioteca del congreso

ISBN 978-1-68072-962-7

Impreso en China

Créditos de Imagines

Alamy: David Marchal, 8 (t); Gwen Shockey, 15; Science Source: Gary Carlson, 11; Shutterstock: Africa Studio, 28–29; CLIPAREA l Custom media, 32; decade3d - anatomy online, 18; DenisNata, 4–5; Digital Genetics, 31; eranicle, 8 (b); HitToon, 17 (tr); Hubis, 16; iofoto, 28; Jarva Jar, 27; kentoh, 1; Magic mine, 3; Mopic, 21; Oguz Aral, 25; Ralf Juergen Kraft, Cubierta, 17 (esqueleto); royaltystockphoto.com, 22; sciencepics, 9; Sebastian Kaulitzk, 6–7, 26–27; stihii, 12; Tewan Banditrukkanka, 17 (br); Tridsanu Thopet, 26; Vector for u, Cubierta (fondo)
Se ha hecho todo esfuerzo posible para establecer contacto con los titulares de los derechos de autor del material reproducido en este libro. Cualquier omisión será rectificada enimpresiones posteriores previo

CONTENIDO

CAPÍTULO 1

HUESOS sorprendentes

Una chica baja una colina en su patineta. Se desliza sobre la arena y cae. *Chasquido.* Se fractura un hueso de su brazo. De inmediato, su cuerpo comienza a curar la fractura.

¡Los huesos son sorprendentes! Permiten que la gente se ponga de pie. Pero hacen mucho más. Protegen los órganos. Y algunos huesos elaboran las **células sanguíneas**. El sistema esquelético siempre está muy ocupado.

ALGUNOS HUESOS DEL CUERPO

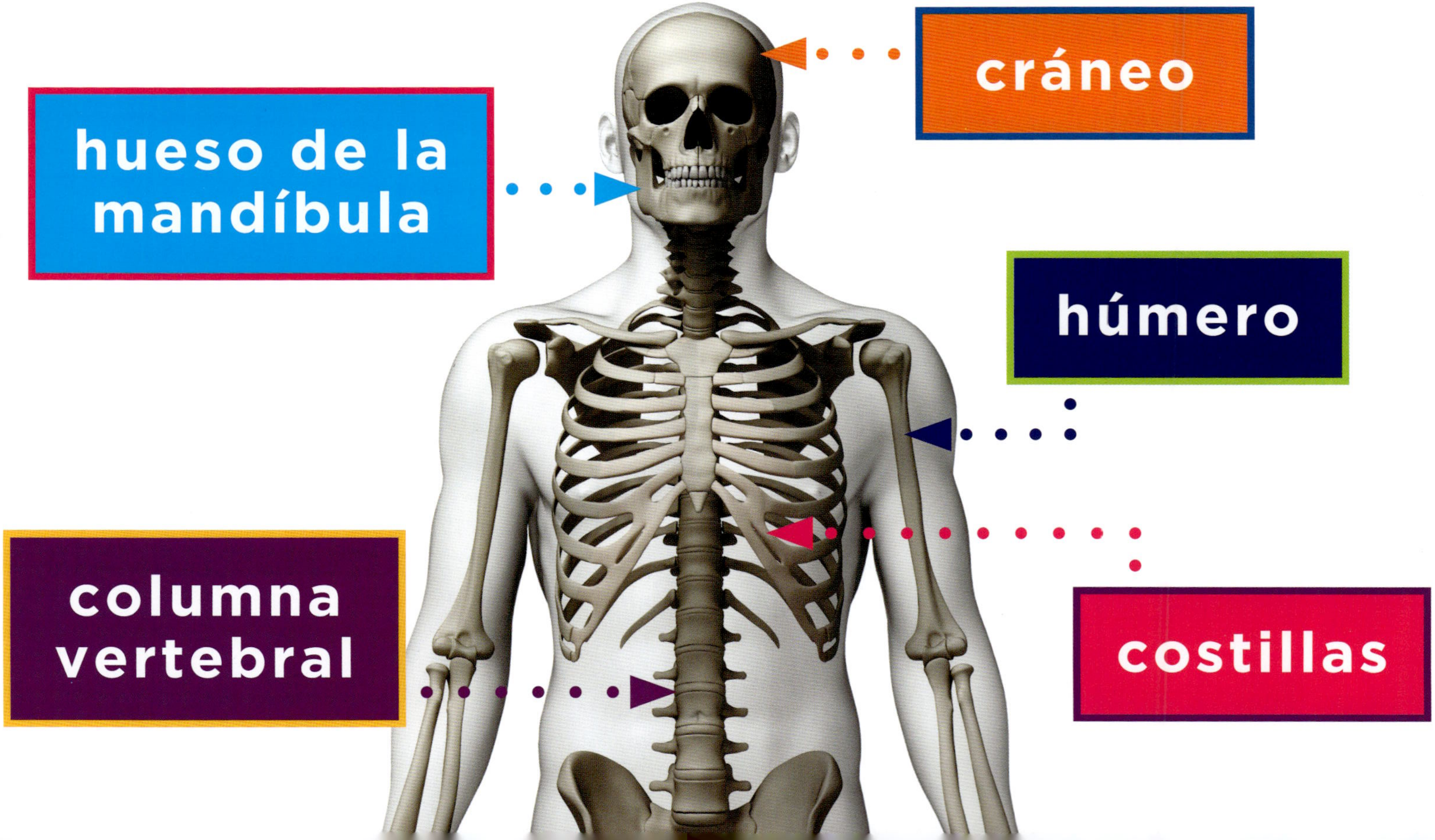

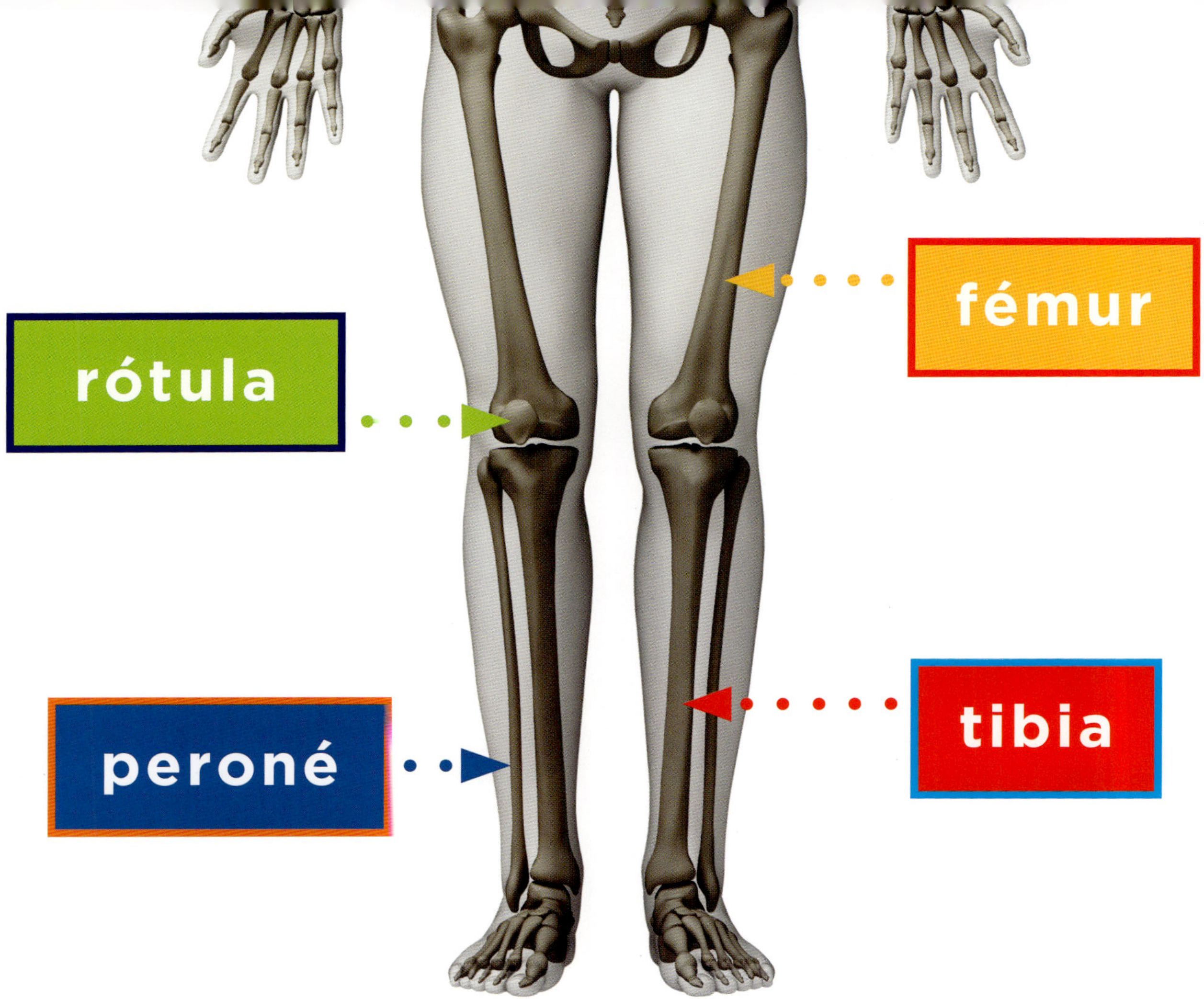
fémur
rótula
peroné
tibia

Partes de un hueso

hueso compacto

hueso esponjoso

médula ósea

Huesos interiores

Composición de los huesos

Los huesos vienen en muchas formas y tamaños. Pero todos están hechos de los mismos materiales. El exterior duro se llama hueso compacto. La médula ósea, un tejido **suave**, llena el centro de los huesos. El hueso esponjoso llena los extremos. Vasos **sanguíneos** y **nervios** corren a través de los huesos.

Hueso viejo y hueso nuevo

Los huesos del cuerpo no son fósiles. Los huesos son tejidos vivos y en crecimiento. Las células son las partes más pequeñas del cuerpo. Mantienen los huesos fuertes. Un tipo de célula saca el hueso viejo. Otro tipo de célula crea el hueso nuevo. En los niños, las células crean más hueso del que eliminan. ¡Así es como crecen los niños!

Los bebés nacen con 270 huesos blandos. Algunos de estos huesos se unen a medida que crecen.

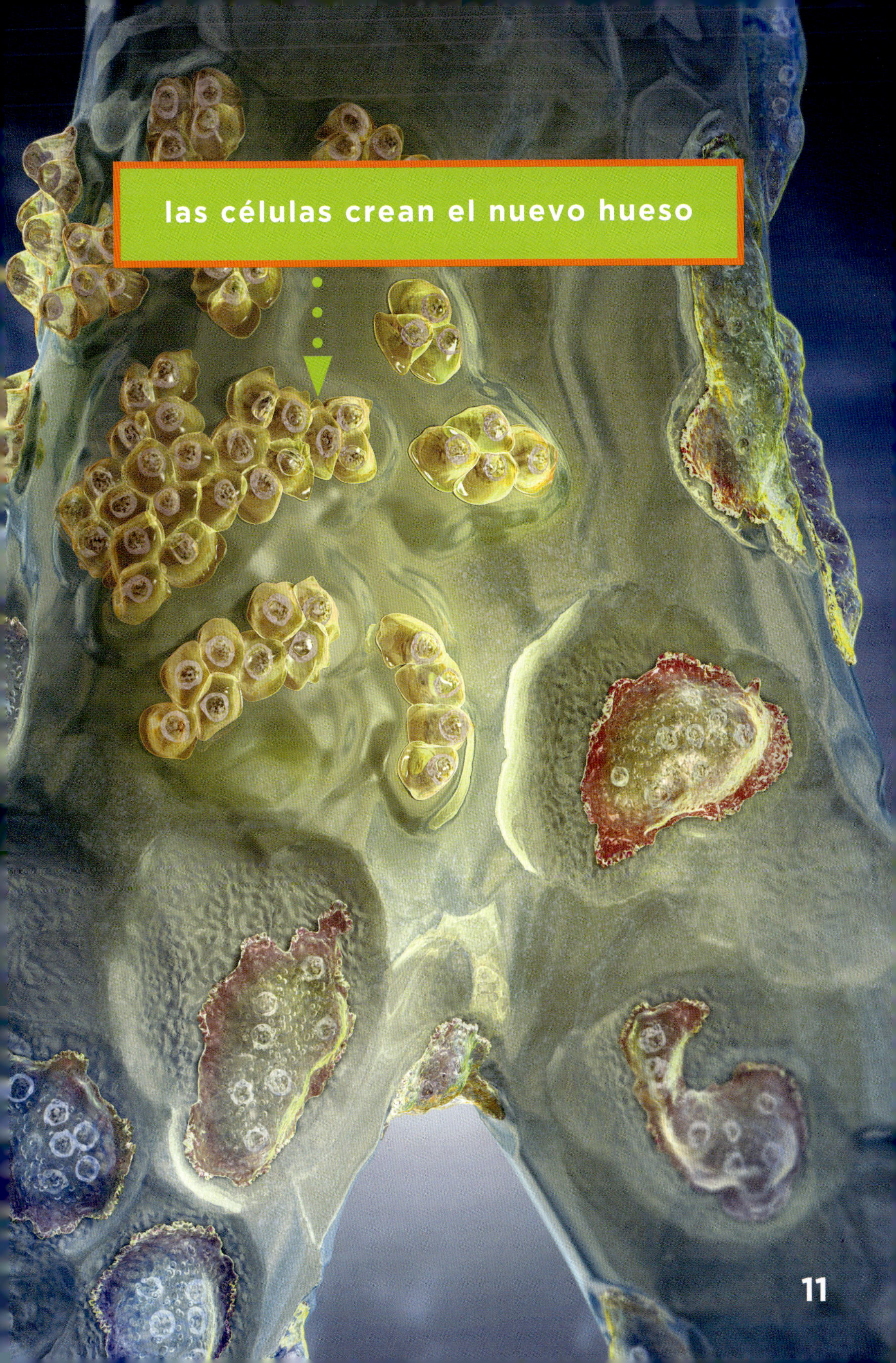
las células crean el nuevo hueso

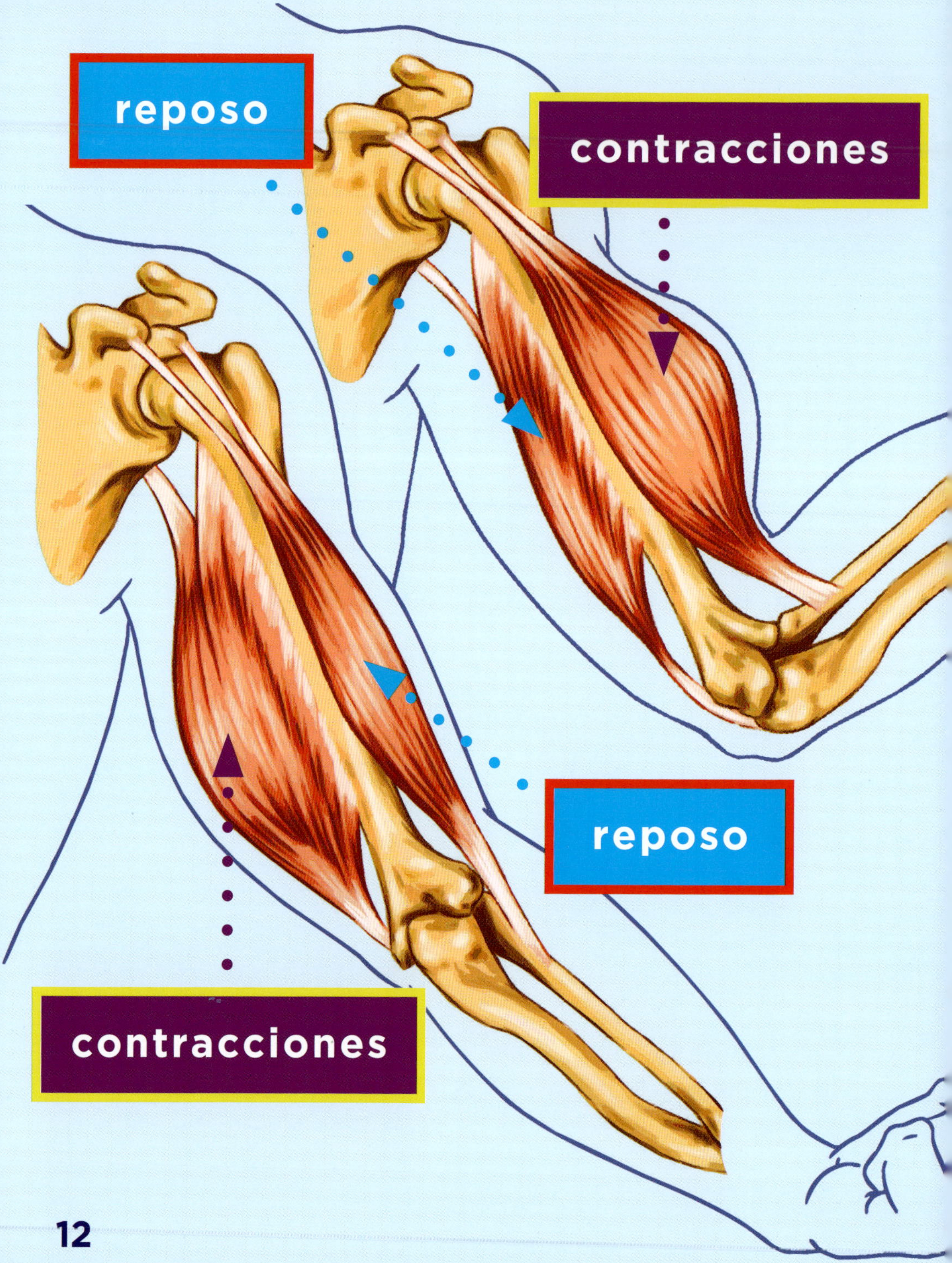
reposo
contracciones
reposo
contracciones

Músculos y ARTICULACIONES

Los huesos no podrían moverse sin la ayuda de los músculos y las articulaciones. Los músculos esqueléticos se unen a los huesos. Estos músculos trabajan en pares. Para levantar un hueso, un músculo se contrae y se acorta. El otro músculo se relaja y se hace más largo. Para bajar el hueso, hacen lo contrario.

Articulaciones

Los huesos se mueven en muchas direcciones. Lo hacen debido a las articulaciones. Las articulaciones conectan a dos huesos. El cuerpo tiene seis tipos de articulaciones. Trabajan de diferentes maneras. Un tipo funciona como una bisagra de puerta. Otro tipo es como una pelota en una taza. Este tipo de articulación permite que los huesos giren en un círculo.

Tipos de ARTICULACIONES

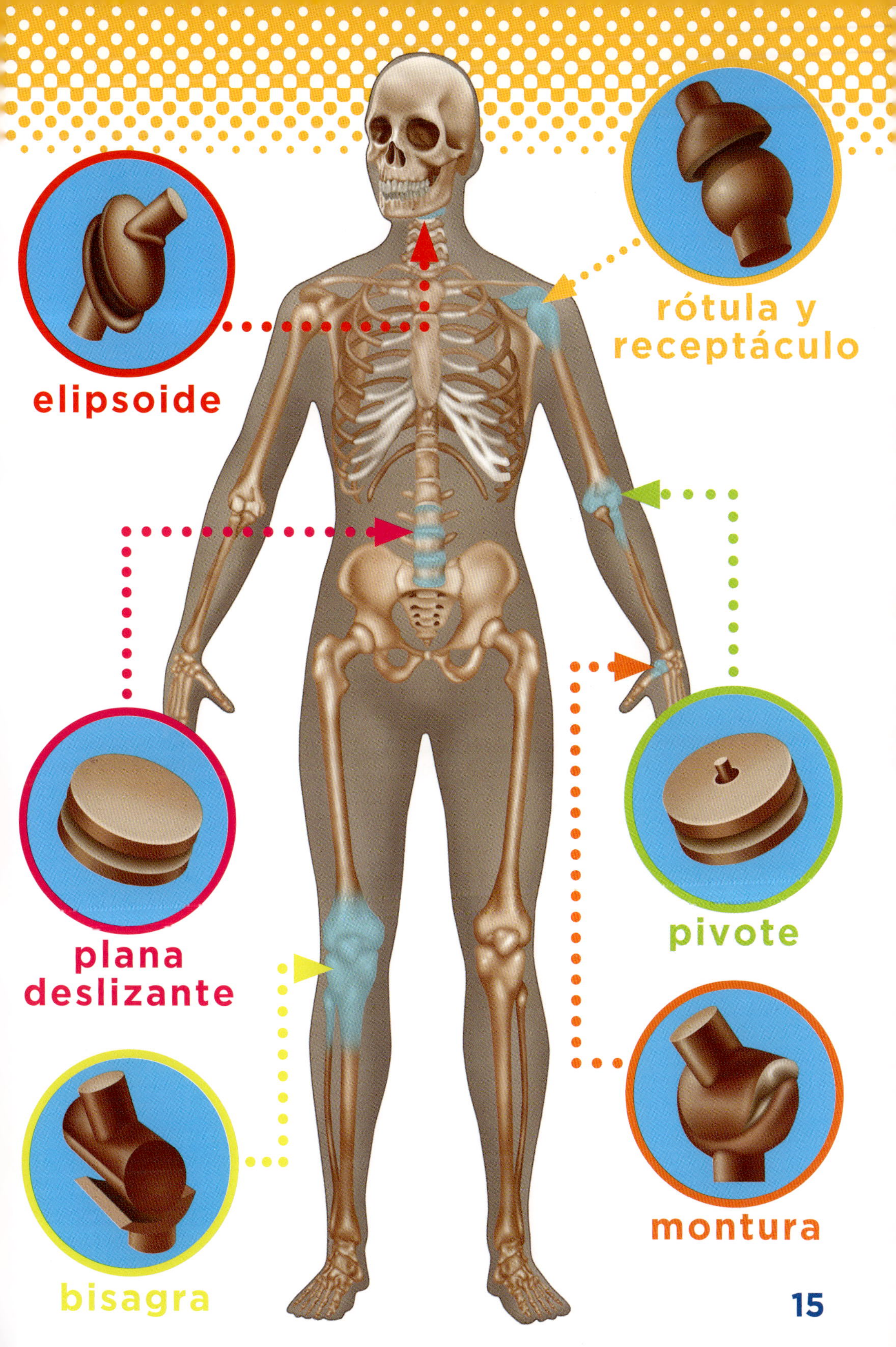
elipsoide
rótula y receptáculo
plana deslizante
pivote
bisagra
montura

POR LOS NÚMEROS

24
cantidad de costillas en el cuerpo

10 semanas
tiempo promedio para que sane una tibia fracturada

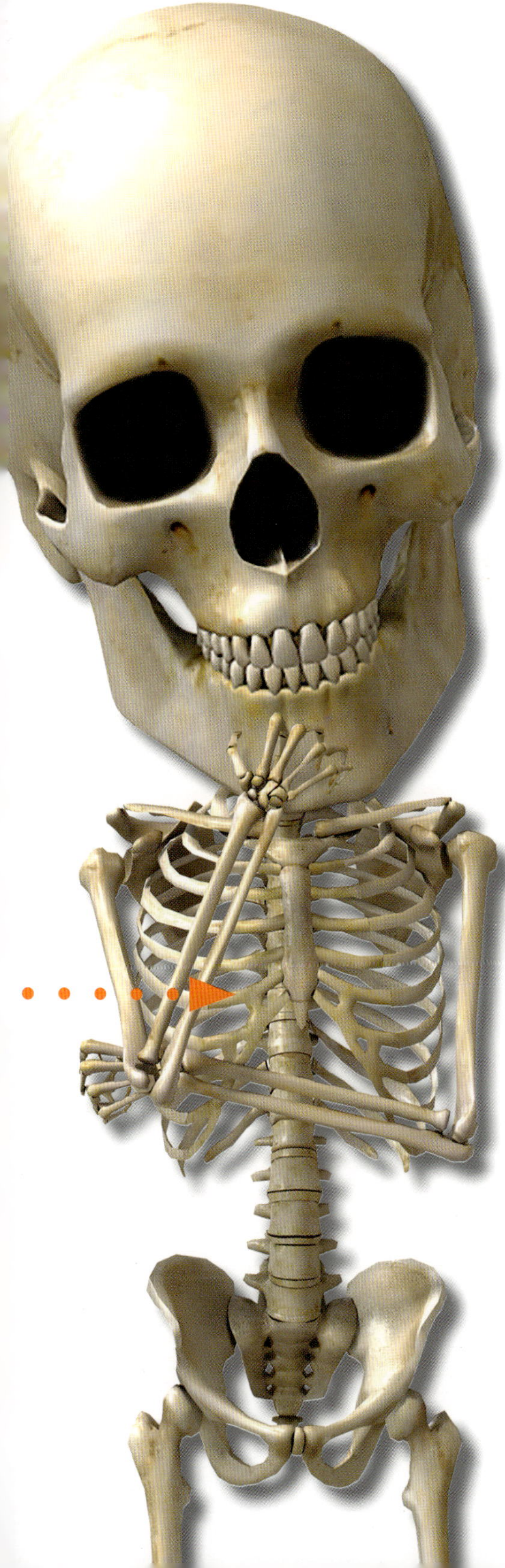

CANTIDAD DE HUESOS EN EL CUERPO

206

22

CANTIDAD DE HUESOS QUE FORMAN EL CRÁNEO

TIEMPO PROMEDIO PARA QUE SANE UN DEDO FRACTURADO

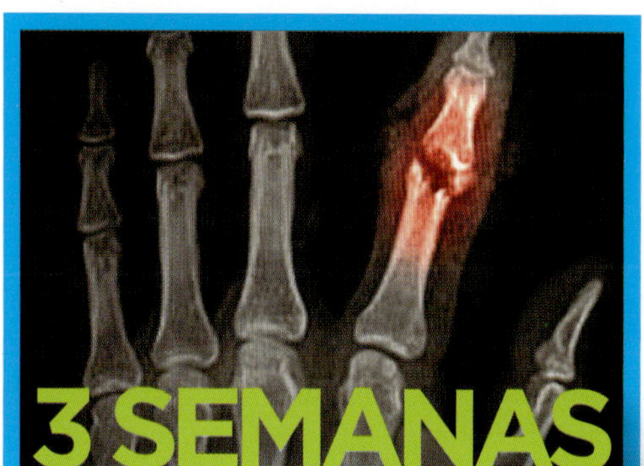

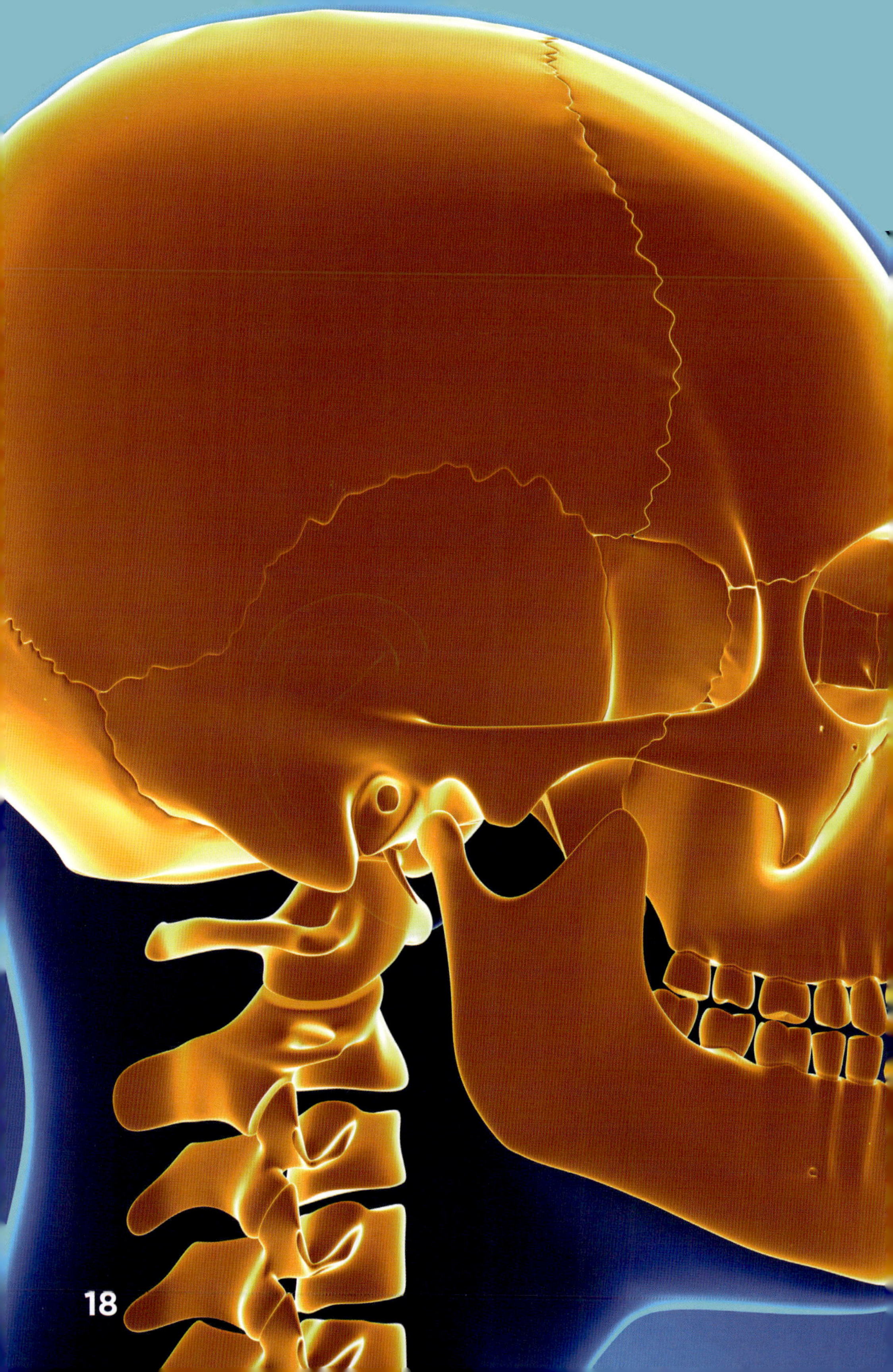

CAPÍTULO 3

HUESOS que protegen

Algunos huesos actúan como guardaespaldas. Protegen a los órganos. El cráneo es uno de ellos. En realidad, el cráneo tiene muchos huesos unidos entre sí. Mantienen el cerebro a salvo. Actúan como un casco protector.

Los huesos del cráneo encajan como las piezas de un rompecabezas.

Columna y costillas

La columna vertebral se extiende desde el cuello hasta el trasero. Protege a la **columna vertebral**. Si la médula espinal es dañada, una persona puede quedar **paralizada**.

La caja torácica envuelve la parte superior del cuerpo. Actúa como un escudo para los pulmones y el corazón. Si una persona se cae, las costillas reciben el impacto. El corazón puede seguir bombeando.

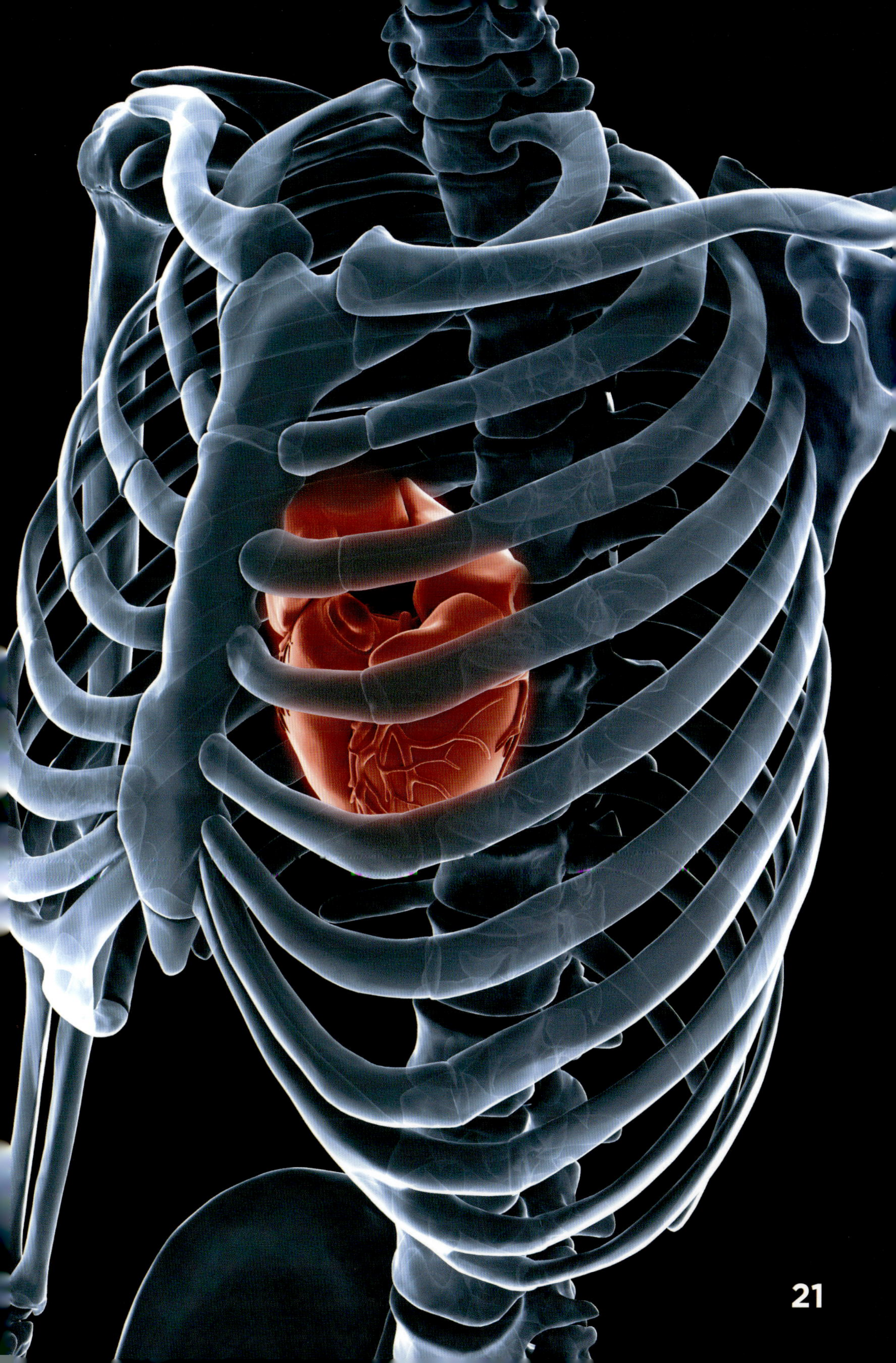

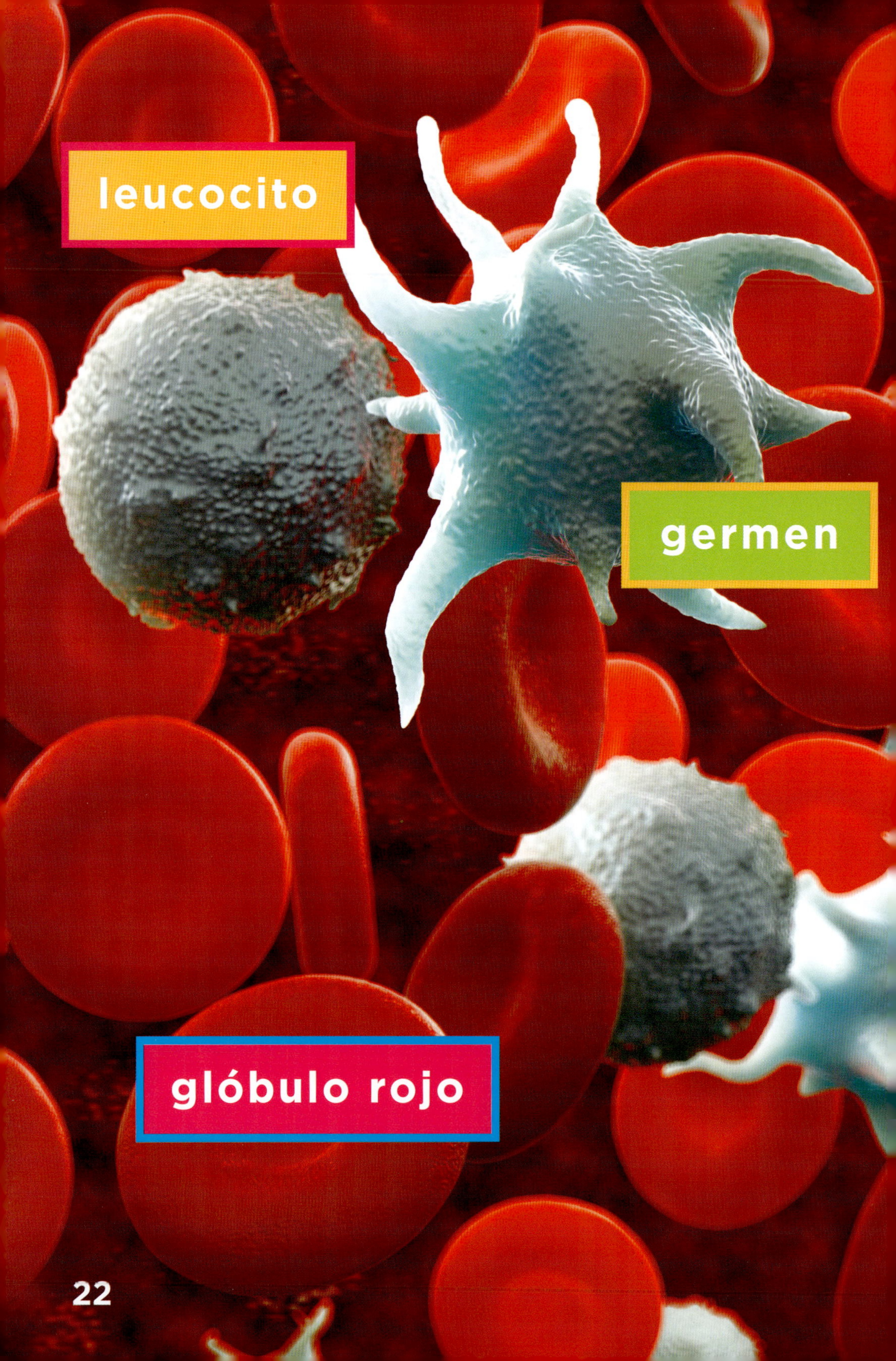
leucocito
germen
glóbulo rojo

Producción de células sanguíneas

Otra forma de proteger que tienen los huesos es crear células sanguíneas. Los glóbulos rojos transportan el oxígeno a todo el cuerpo. Los glóbulos blancos combaten los gérmenes. Sin estas células, las personas no podrían sobrevivir. Las células sanguíneas se forman en la médula ósea.

Las células sanguíneas mueren rápidamente. Los huesos crean nuevas células sanguíneas todos los días.

CAPÍTULO 4

CURACIÓN y huesos sanos

El cuerpo trabaja para mantener la salud de los huesos. Y arregla los huesos fracturados. Al principio, un hueso roto sangra y se inflama. El cuerpo rápidamente forma un **coágulo** para detener el sangrado. Los glóbulos blancos corren hacia la fractura. Bloquean las **infecciones**. Luego, con el tiempo, las células crean hueso nuevo entre los extremos rotos.

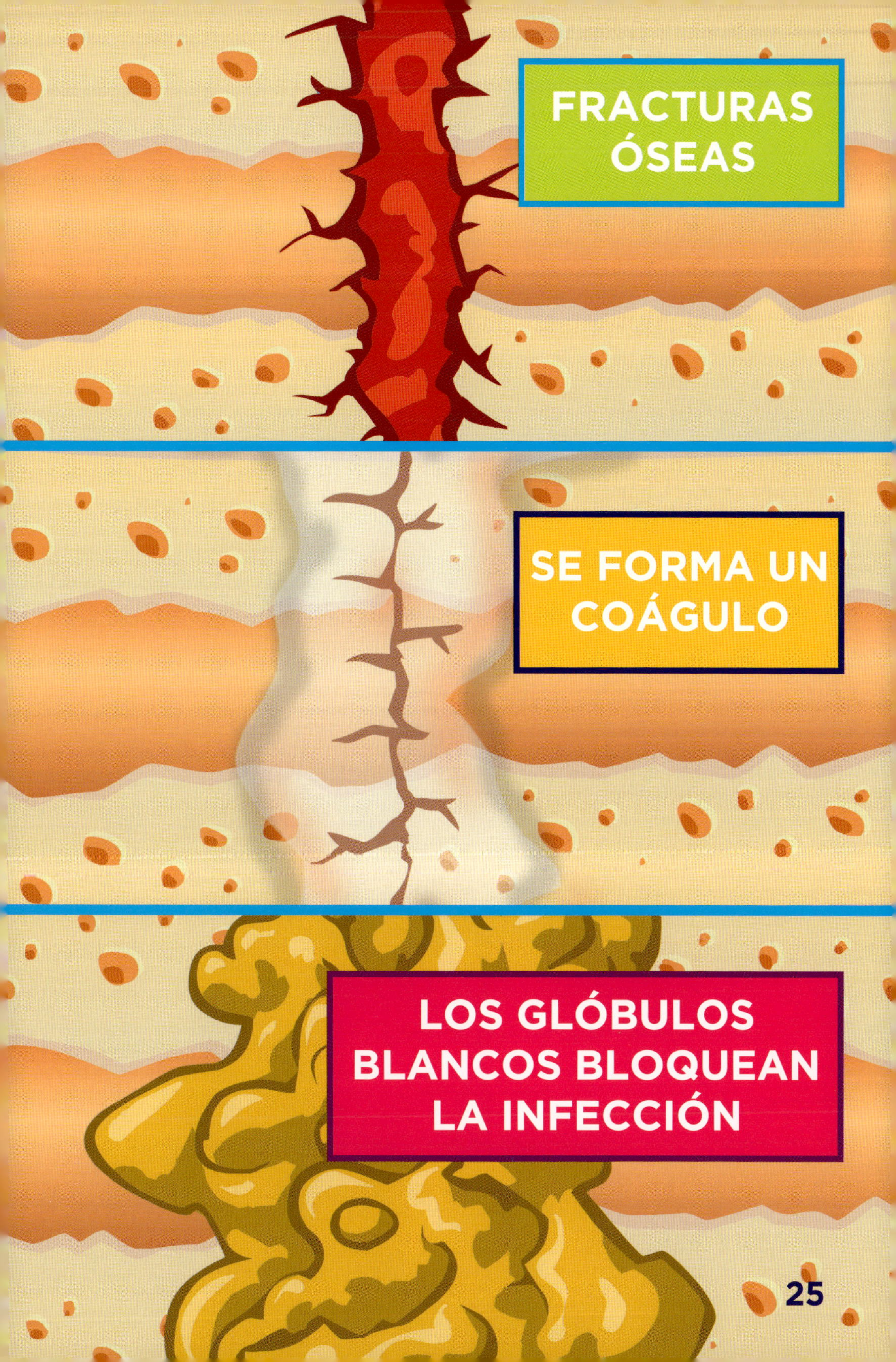
FRACTURAS ÓSEAS
SE FORMA UN COÁGULO
LOS GLÓBULOS BLANCOS BLOQUEAN LA INFECCIÓN

Y CURAN EL HUESO FRACTURADO

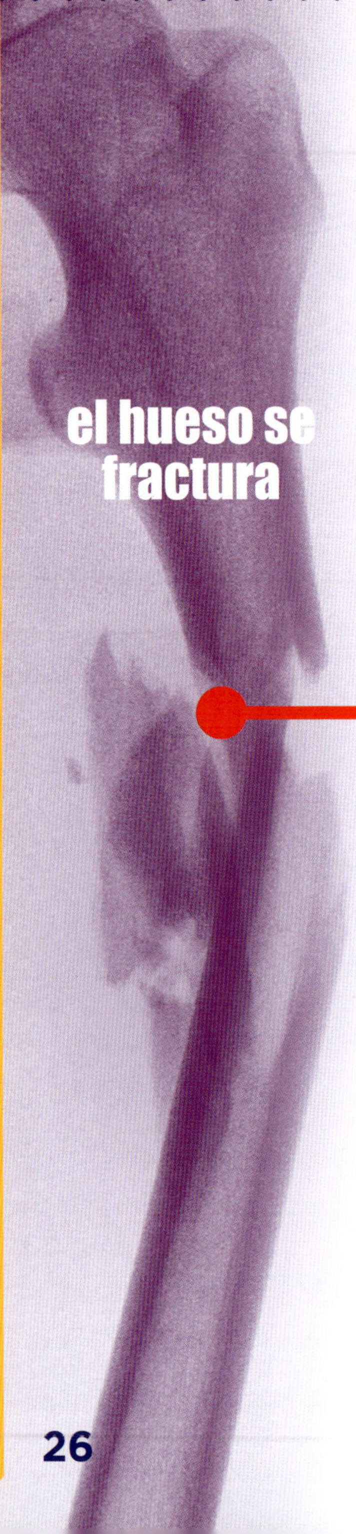

el hueso se fractura

de inmediato

Las células se mueven hacia la zona de la fractura.

1 a 2 horas después

Se forma un coágulo sanguíneo.

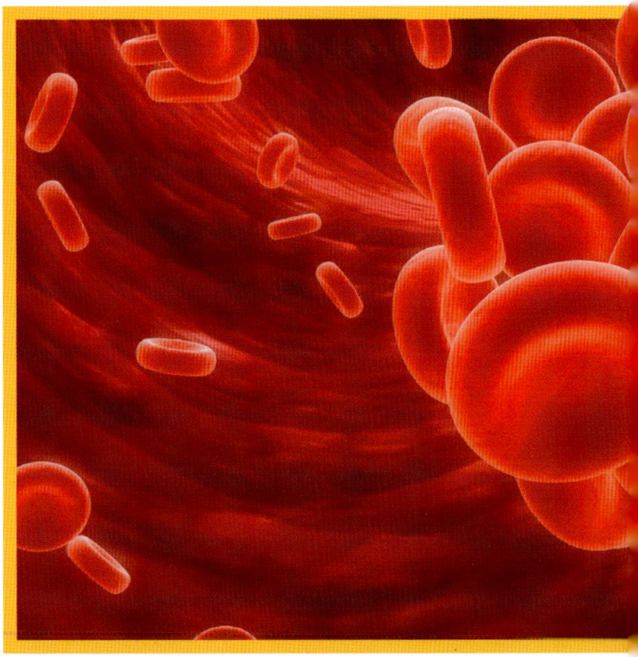

2 o 3 semanas después

Se forma un callo blando sobre la fractura.

12 a 16 semanas después

Se forma un callo duro.

3 a 9 años después

Las células han devuelto al hueso su forma original.

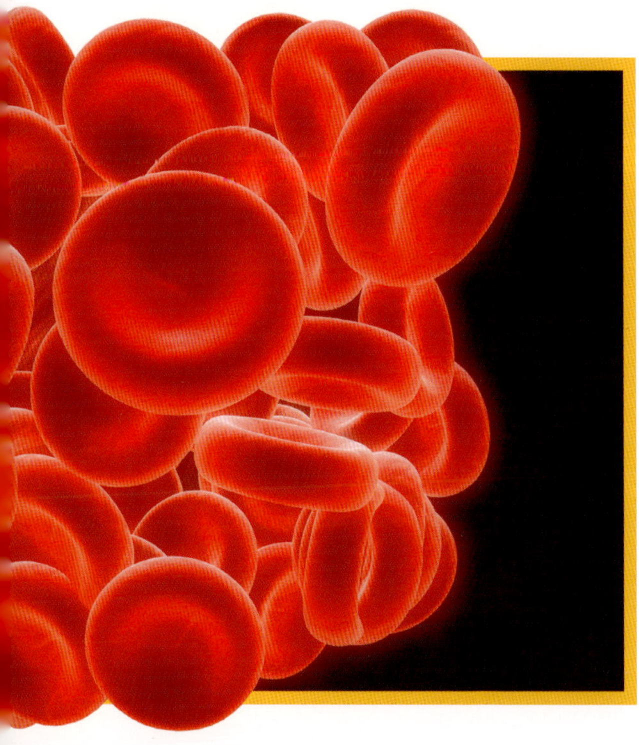

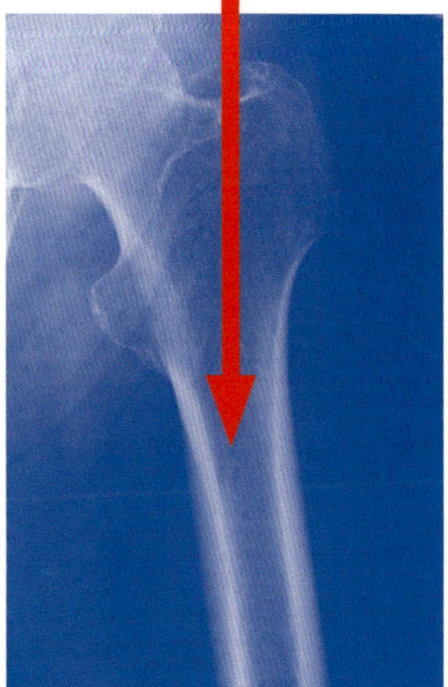

Huesos fuertes, importantes

El sistema esquelético tiene mucho que ver. Las personas pueden ayudar a que sus huesos se mantengan fuertes. Ingerir alimentos ricos en calcio da a los huesos la nutrición que necesitan. El queso, el yogur y las verduras de hoja verde son buenas opciones. El ejercicio también es importante para los huesos. Con buena comida y ejercicio, el sistema esquelético se mantendrá fuerte.

GLOSARIO

callo – una masa de tejido que se forma alrededor de un hueso fracturado y se transforma en hueso en curación

célula sanguínea – células en la sangre que contienen los elementos necesarios para la vida, como el oxígeno

coágulo – una masa o protuberancia formada por un líquido que se espesa y se pega

columna vertebral – la línea de tejido que va desde el cerebro a lo largo de la espalda y transmite señales desde el cerebro

infección – una enfermedad causada por gérmenes que entran al cuerpo

nervio – un tejido que conecta partes del sistema nervioso con otros órganos a través de los cuales viajan las señales del cerebro

paralizar – hacer que alguien o algo no pueda moverse o sentir todo o parte de su cuerpo

tejido – una masa de células encerradas con otra sustancia que forma los materiales estructurales básicos de las plantas y animales

vaso – un tubo que contiene un fluido corporal y por el que el fluido corre

ÍNDICE

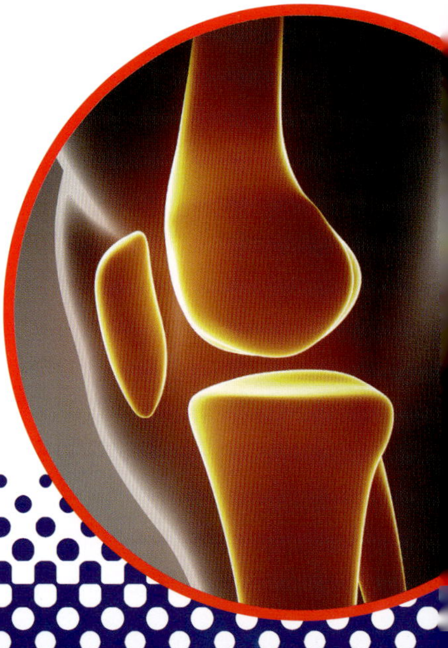